VOYAGES AUTOUR DU MONDE

LA

CARAVANE UNIVERSELLE

DIRECTION : AU GRAND HOTEL, A PARIS

PARIS

IMPRIMERIE TYPOGRAPHIQUE DE A. POUGIN

13, QUAI VOLTAIRE, 13

1872

CARAVANE UNIVERSELLE

VOYAGES AUTOUR DU MONDE

LA

CARAVANE UNIVERSELLE

3782.

DIRECTION : AU GRAND HOTEL, A PARIS

PARIS

IMPRIMERIE TYPOGRAPHIQUE DE A. POUGIN

18, QUAI VOLTAIRE, 18

1872

LA

CARAVANE UNIVERSELLE

Les grandes lignes de paquebots et les réseaux de
chemins de fer constituent des communications régu-
lières, rapides et sûres entre les continents et entre la
plupart des nations.

Les points du globe privés de ces facilités sont, il
faut le reconnaître, les plus riches de promesses scien-
tifiques, minières, botaniques, etc.

L'Amérique du Sud, par exemple, habitée sur la
côte par les descendants des Pizarre, Vespuce, Co-
lomb, etc., renferme, sur le versant oriental de la Cor-
dillière Andine, d'immenses contrées, chaos de toutes
les richesses qu'il n'a pas plus été donné de pouvoir étu-
dier aux colons du littoral, qu'aux intrépides de La
Condamine et de Humboldt.

Comment, en effet, un homme isolé pourrait-il s'a-
venturer dans les interminables forêts du Nouveau

Monde avec ses seules forces pour lutter contre les dangers et les obstacles gigantesques que renferment ces déserts ?

Quelques tentatives heureuses ont été faites, dans ces dernières années, notamment par le vicomte de Gabriac.

En lisant son spirituel journal de voyage, ne voit-on pas tout ce qu'il lui a fallu consacrer d'heures, chaque jour, pour se procurer, inventer, au besoin, des vivres, obtenir un guide ou un mulet, et combien peu ces soins matériels absorbants laissent au voyageur de temps pour l'étude ?

Deux cents hommes, munis du matériel et des convois nécessaires, constituent une force pouvant entreprendre sans danger, sans fatigue excessive et sans privations, une croisière de découvertes à travers quelles régions que ce soit. Deux cents gentlemen pourvus de bonnes armes, assistés de vingt-cinq domestiques (anciens matelots), représentent une troupe d'élite capable d'effrayer dix mille Indiens.

Les fauves et les reptiles fuient devant les groupes d'hommes.

Là où deux voyageurs isolés devront hésiter, sinon renoncer, à franchir une rivière, vingt-cinq matelots, sous la direction d'un ingénieur, construiront un radeau ou lanceront une passerelle. Deux hommes isolés peuvent perdre leurs bagages, presque toujours encombrants ; deux cent vingt-cinq hommes à cheval escorteront et conduiront sans le moindre embarras soixante, quatre-vingt, cent bêtes de charge. Deux voyageurs sont fatalement bientôt découragés par les privations et les maladies qui en découlent ; une cara-

vane bien approvisionnée, disciplinée, jette un camp
en quelques minutes, en choisit et en déblaye l'empla-
cement, et peut toujours, je le répète, être à l'abri des
dangers, inquiétudes ou privations que le voyageur
isolé mène en croupe. Supposons que les nations des
deux continents attachent à notre caravane chacune
plusieurs savants dans la force de l'âge, nous la con-
stituerons facilement de la façon suivante :

Un capitaine;
Deux lieutenants, dont l'un officier de marine;
Un prêtre catholique et un ministre protestant;
Un géologue;
Deux ingénieurs des mines;
Un chimiste;
Trois botanistes;
Deux naturalistes;
Un géographe;
Un ingénieur hydrographe;
Un ethnographe;
Deux astronomes;
Un photographe;
Deux télégraphistes;
Deux médecins, dont un chirurgien;
Deux historiographes;
Deux cuisiniers;
Un économe majordome;
Un chef muletier;
Six charpentiers (anciens marins);
Un armurier (serrurier-forgeron);
Un infirmier;
Vingt ordonnances (faisant chacun le service d'une

tente, lavant le linge, nettoyant les armes, paquetant et surveillant les convois) ;

Cent soixante gentlemen de tous les pays sachant monter à cheval et se servir d'une arme.

La constitution même de la *Caravane universelle* la place sous la protection collective de tous les gouvernements ; les agents diplomatiques et consulaires s'empresseront, à l'envi, d'aplanir devant elle toute difficulté. Quel sera le peuple qui ne recevra pas avec bienveillance une réunion d'hommes distingués, désintéressés et mus par le seul désir d'apprendre ?

Le fondateur de la *Caravane universelle*, dans deux voyages autour du monde, a étudié avec le plus grand soin les moyens d'approvisionner toujours et partout, selon le climat, une compagnie de deux cent vingt membres, de les maintenir en rapports suivis avec leurs familles.

Les contrats qu'il a passés avec les Compagnies de navigation sont tels, qu'un voyage dans les cinq parties du monde, devant durer trente-deux mois, y compris les repos, — voyage inabordable dans son itinéraire par une personne isolée et dont l'ébauche emploierait quatre années et entraînerait à une dépense d'au moins quatre-vingt mille francs, — ne coûte que quatorze cents livres sterling par voyageur, voyage, entretien, équipement compris.

L'*Agence Havas* donnera, deux fois par mois, des nouvelles de chacun des membres de la *Caravane* à sa famille.

Dans l'Amérique méridionale, un service de cholos et d'Indiens maintiendra des rapports constants entre la *Caravane* et l'établissement le plus rapproché.

Lorsque la *Caravane* se divisera en deux groupes, soit pour remonter une vallée, soit pour opérer une reconnaissance scientifique, les deux groupes pourront rester en rapport constant au moyen du télégraphe électrique de campagne.

Les divers gouvernements de l'Amérique du Sud, qui prêtent un si bienveillant appui aux voyageurs isolés, s'empresseront d'attacher des hommes distingués à notre entreprise.

La *Caravane universelle* partira au mois de novembre, pour arriver en Colombie à l'époque où les fièvres paludéennes ont disparu.

L'itinéraire est établi de façon à passer les mois de décembre, janvier, février, mars et avril dans l'*Amérique du Sud*, mai et juin dans la *Nouvelle-Bretagne*, juillet, août et septembre dans l'*Union*, octobre et novembre au *Mexique* et *Amérique Centrale*.

Puis, retour à Paris; trois mois de repos, employés par la direction de la *Caravane* à classer les notes, légender les croquis et photographies, dessiner les cartes, calculer les côtes, en un mot, rédiger le compte rendu scientifique et pittoresque de la première année; envoi de ce rapport aux sociétés savantes et a tous les cercles, clubs, représentés dans la *Caravane*.

Suite de la campagne : Portugal, Espagne, France, Angleterre, (Ecosse), Belgique, Hollande, Norwège, Russie, *Palestine*, Egypte, Abyssinie, Zanguebar, Mozambique, Madagascar, Australie, Singapour, Cambodge, Siam, Chine, Japon.

Retour : Bengale, Ceylan, golfe Persique, Arabie, Grèce, Turquie, Tunisie (Carthage), Italie, Autriche, Suisse, Paris.

Il sera fait avant le départ un mois d'exercices, d'équitations.

La *Caravane* se rendra de Paris au port d'embarquement par petites journées. Durant ce voyage, les campements seront organisés, les membres et les assistants seront familiarisés au rapide établissement et à la levée du camp. Le personnel sera exercé à la construction d'un radeau, à l'établissement d'une passerelle, à charger et décharger le train; en un mot, la *Caravane* partira instruite au rude métier de voyageur.

La souscription, comme membre de la *Caravane*, entraîne l'engagement par le souscripteur de se conformer au règlement suivant :

REGLEMENT

ARTICLE PREMIER.

Les membres de la *Caravane* s'engagent à considérer, durant toute la campagne, leurs compagnons comme des compatriotes, à ne jamais, quels que soient les différends ou les guerres qui diviseraient leur patrie, faire aucune allusion qui puisse blesser un ou plusieurs membres.

ART. II.

A prêter tout leur concours aux travaux d'intérêt général.

Art. III.

Un conseil de famille, composé de cinq membres élus, constituera le tribunal conciliateur devant lequel tout différend entre deux membres devra être jugé sans appel.

Art. IV.

Le conseil de famille est réélu tous les trois mois.

Art. V.

En cas de maladie d'un des membres, la *Caravane* tout entière accompagnera, si besoin est, le malade jusqu'à la ville ou l'établissement le plus favorable à sa guérison.

Art. VI.

La *Caravane* est divisée en deux sections de cent membres. Chaque section est composée de dix escouades. Chaque escouade a un assistant.

Chaque escouade désigne son brigadier, chargé de la diriger lorsqu'elle accompagne un savant dans ses recherches ou qu'elle est commise de nuit à la garde du camp.

Art. VII.

En dehors des villes, aucun membre ne s'éloignera de la *Caravane* sans avoir informé le capitaine du but de son excursion.

Art. VIII.

La nuit, à tour de rôle, une escouade veillera aux abords du camp, entretiendra ses feux au moyen des provisions de bois faites dans la soirée

Art. IX.

Dans l'Amérique du Sud, les membres ne pourront emporter comme bagages que le paquetage fourni par la *Caravane*.

Les malles personnelles seront envoyées à Lima, où la *Caravane* doit séjourner.

Art. X.

Les armes seront uniformes.

Art. XI.

Les assistants seront armés de carabines système Remington.

Art. XII.

Chaque escouade dispose de deux mulets de charge pour porter son campement, ses munitions, etc.

Art. XIII.

Trente-cinq mulets, conduits par des indigènes et marchant entre les deux sections, sont chargés des provisions de la *Caravane*.

Soixante mulets forment trois convois de ravitaillement, qui, de différents points déterminés, rejoindront la *Caravane*.

Art. XIV.

L'infirmier entretient en parfait état un double cacolet. Il dispose de la plus forte et de la plus sûre bête de somme de la *Caravane*.

Art. XV.

En cas de maladie grave, le patient est transporté dans une litière à dos d'Indiens.

Art. XVI.

Dix bêtes de somme de rechange suivent la *Caravane*.

Art. XVII.

Quatre mulets transportent les fils et les appareils télégraphiques.

Art. XVIII.

Chaque membre a le droit d'expédier en Europe, et aux frais de la *Caravane*, vingt kilos ou quatre pieds cubes d'objets de collection particulière tous les mois.

Il est bien entendu que les objets indivis recueillis durant le voyage appartiennent au musée de la *Caravane*, qui sera fondé en Europe. Les objets divisibles tels que plantes, échantillons géologiques, etc., seront partagés entre le savant et le capitaine. Les objets que chaque membre a le droit de transporter aux frais de la *Caravane* dans la proportion indiquée au paragraphe antérieur, sont ceux achetés par lui dans un port de mer ou à une station de chemin de fer.

Art. XIX.

Un interprète allemand-espagnol est attaché à l'établissement.

Art. XX.

Le travail des historiographes sera traduit en anglais, allemand, espagnol et italien et publié par les soins du capitaine. Chaque membre recevra cinq exemplaires de toute publication.

Art. XXI.

Chaque gouvernement ayant envoyé, à ses frais, au moins deux membres à la *Caravane*, recevra, richement reliés, six exemplaires de toute publication.

Art. XXII.

Les membres de la *Caravane*, qui auront accompli toute la campagne, seront membres-fondateurs du *Cercle de la Caravane*, qui sera créé en Europe.

Art. XXIII.

Si, pour une cause quelconque, un membre se sépare de la *Caravane*, il n'a droit à revendiquer que son rapatriement avec cent kilos de bagages ;

Le montant de sa souscription demeure acquis, de plein droit, au capitaine.

Art. XXIV.

Les convocations seront envoyées ar télégramme de l'Agence Havas à tous les journaux officiels.

EUROPE ET AMÉRIQUE DU NORD

On souscrit chez tous les correspondants de MM. Rothschild frères, banquiers. Les souscriptions peuvent être adressées par voie consulaire.

On verse :

400 livres en souscrivant;

400 livres, le 1er août;

Et 600 livres en retirant son titre de membre de la *Caravane*, du 1er au 5 octobre.

Les souscripteurs de l'Amérique du Sud, d'Asie et d'Afrique peuvent souscrire par télégramme, mais ils doivent adresser un chèque de 800 livres sur Paris ou Londres. Ils versent le complément de leur souscription en rejoignant la *Caravane*.

La livre au cours de 25 fr.

———

Les souscripteurs de l'Asie, l'Afrique et l'Amérique du Nord, devront se trouver à Paris du 1er au 15 octobre. Les souscripteurs de l'Amérique du Sud recevront, par voie consulaire, l'avis du point du littoral où ils devront attendre la *Caravane* en novembre.

Paris, typographie A. [illegible]

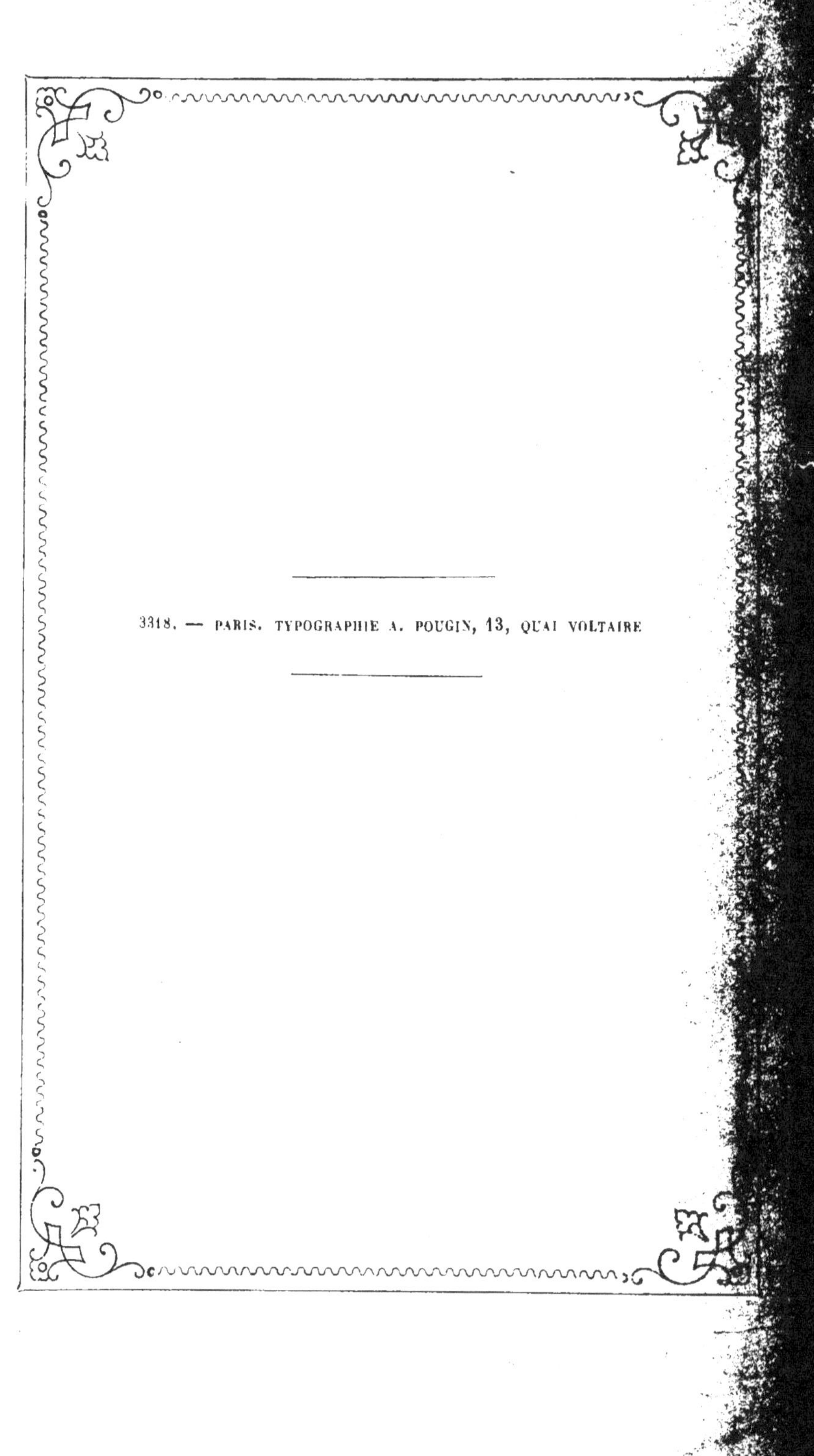

3318. — PARIS. TYPOGRAPHIE A. POUGIN, 13, QUAI VOLTAIRE